세상에는 여러 가지 옷이 있어요. 인도의 '사리'나 가나의 '켄테 클로스' 등, 각 지방의 전통이나 역사 속에서 생겨난 옷을 '민족의상'이라고 합니다. '민족'이란 일정한 지역에서 오랜 세월 동안 함께 생활하면서 언어와 문화가 공통된 사람들의 모임을 말해요. 민족의상에는 모자나 액세서리, 신발 등도 포함되고, 그 특징도 여러 가지입니다. 가까운 나라에서부터 먼 나라까지, 세계 각국의 민족의상을 만나 보아요!

· 각국 의상의 명칭은 각국 원어 및 영어명을 기준으로 표준국어대사전과 외래어표기법을 참고하여 정리하였습니다.
  각국 의상의 원어 및 영문명은 천개의바람 블로그에서 확인하실 수 있습니다. (http://blog.naver.com/athousandhope)
· 민족의상 이름은 처음 등장할 때만 작은따옴표를 붙였습니다.

**세계를 한눈에,
아롱다롱 민족의상** 아침독서신문 선정

펴낸날 초판 1쇄 발행 2020년 11월 25일 | 초판 3쇄 발행 2023년 11월 27일

글 마츠모토 리에코 | **그림** 다케나가 에리 | **옮김** 김소연
편집 공상희 | **디자인** 로테의 책 | **홍보마케팅** 배현석 송수현 | **관리** 최지은 이민종
펴낸이 최진 | **펴낸곳** 천개의바람 | **등록** 제406-201-000013호 | **주소** 서울시 영등포구 양평로 157, 1406호
전화 02-6953-5243(영업), 070-4837-0995(편집) | **팩스** 031-622-9413 | **ISBN** 979-11-6573-083-3 73380

WAKU WAKU HAKKEN! SEKAI NO MINZOKUISHO
Copyright © ERI TAKENAGA 2017
Korean translation rights arranged with KAWADE SHOBO SHINSHA Ltd. Publishers through Japan UNI Agency, Inc.,
Tokyo and JM Contents Agency Co. (JMCA), Seoul.
Korean translation Copyright © 2020 by A Thousand Hopes

• 이 책의 한국어판 저작권은 JM Contents Agency를 통한 저작권자와의 독점 계약으로 천개의바람 출판사에 있습니다.
  저작권법에 의해 한국 내에서 보호를 받는 저작물이므로 무단전재와 무단복제를 금합니다.

• 이 도서의 국립중앙도서관 출판예정도서목록(CIP)은 서지정보유통지원시스템 홈페이지(http://seoji.nl.go.kr)와
  국가자료종합목록 구축시스템(http://kolis-net.nl.go.kr)에서 이용하실 수 있습니다. (CIP제어번호 : CIP2020037496)

＊잘못 만든 책은 구입하신 서점에서 바꾸어 드립니다. 천개의바람은 환경을 위해 콩기름 잉크를 사용합니다.
＊종이에 베이거나 긁히지 않도록 조심하세요. 책 모서리가 날카로우니 던지거나 떨어뜨리지 마세요.

제조자 천개의바람 **제조국** 대한민국 **사용연령** 8세 이상

세계를 한눈에
아롱다롱 민족의상

마츠모토 리에코 글 | 다케나가 에리 그림 | 김소연 옮김

천개의바람

아시아·오세아니아

아시아에는 앞이 트여 있고 길이가 긴 가운 같은 모양의 옷이 많습니다. 남아시아에서는 인도의 '사리'처럼 한 장의 천을 몸에 감는 옷을 자주 입어요. 남반구의 오세아니아에는 허리에 천을 두른 게 다인 옷도 있지요.

말을 타기 좋은
델

남녀 모두 바지에 가죽 부츠를 신고 '델'이라는 길이가 긴 상의를 입어요. 델은 말에 올라타기 쉽도록 다리를 벌리기 쉬운 형태로 되어 있지요. 또 말에서 떨어져도 다치지 않도록 금속 장식은 사용하지 않아요.

추워지면 델 위에 길이가 짧은 재킷을 입어. 재킷은 비단으로 만드는데 아름다운 무늬가 수놓아져 있지.

가죽으로 만든 부츠는 끝이 뾰족해.

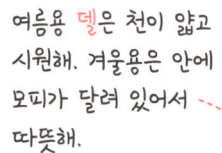

여름용 델은 천이 얇고 시원해. 겨울용은 안에 모피가 달려 있어서 따뜻해.

모자에는 '혼이 깃든다'고 생각해 소중하게 여겨. 끝이 뾰족한 모양은 하늘을 향한 동경을 의미하지.

몽골
국토의 반 이상이 풀로 덮여 있는 초원이에요. 일교차가 커서 낮에는 영상 40도, 밤에는 영하로 기온이 뚝 떨어진답니다. 사람들은 말이나 양을 키우며 목초를 찾아 이동하면서 생활합니다. 옷은 말을 타기 쉽고 혹독한 기후로부터 몸을 지킬 수 있도록 되어 있어요.

색과 무늬가 화려한
치파오

중국 여성의 옷으로 유명한 '치파오'는 한족 사람들이 입었던 '장삼'이 그 기원입니다. 지금은 몸에 딱 맞는 형태를 하고 있지만 옛날에는 품이 넉넉했어요. 다리 옆이 트여 있는 것은 '슬릿'이라고 하는데 말을 쉽게 타기 위해 만들어졌어요.

반짝반짝 눈부신 은공예
묘족의 민족의상

소수 민족 중 하나인 묘족은 베트남이나 라오스 등 동남아시아 나라와 가까운 산악 지대에 살고 있어요. 은으로 세공한 의상이 유명합니다. 여자는 은으로 만든 머리 장식이나 목걸이를 하고 다녀요.

꽃이나 용 등 화려하고 아름다운 무늬가 자수나 비즈로 장식되어 있어.

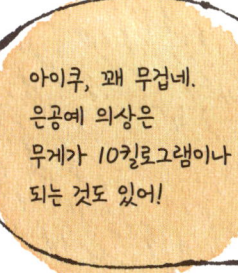

아이쿠, 꽤 무겁네. 은공예 의상은 무게가 10킬로그램이나 되는 것도 있어!

중국
아시아 동부에 위치하고 있어요. 14억 명 이상이 사는 큰 나라로 지역에 따라 사람들의 언어와 문화가 다릅니다. 중국인의 대부분은 한족이고 그 외에 묘족, 이족, 동족 등 50개 이상의 소수 민족이 있어요. 광대한 영토에 농산물, 지하자원 등 각종 자원이 풍부합니다.

천을 넉넉히 써서 만드는 고와 키라

부탄에서는 민족의상을 입고 학교나 직장에 갑니다. 남자가 입는 것은 '고', 여자가 입는 것은 '키라'예요. 양쪽 다 배 부분에 천을 남게 해서 가느다란 띠로 묶어요. 배 부분에 남은 천은 주머니 모양이 되기 때문에 주머니로 이용할 수 있어요.

고는 소매를 접어 올려서 하얀 안감이 보이게 입어.

겉의 천은 비단이나 모직이고, 안감은 면으로 만들어져 있지.

키라 위에 입는 상의 '혜고'

키라나 혜고 위에 걸치는 숄은 '라추'라고 해!

키라는 직사각형의 커다란 천이야. 블라우스 위로 몸에 감고, '코마'라는 브로치로 양쪽 어깨를 고정한 다음 띠로 묶어.

키라에는 여러 가지 무늬가 있어. 대부분 불교와 관련된 것들이 그려져 있지.

절에 들어갈 때는 '카브니'라는 하얀 천을 어깨에 걸쳐.

부탄

인도와 중국 사이에는 세계에서 가장 높은 히말라야산맥이 있습니다. 부탄은 이 산맥 동부에 위치해 있는 작은 나라예요. 사계절이 구분되는 온대성 기후로 쌀, 밀, 옥수수를 많이 재배해요. 목재와 수자원도 풍부하지요. 부탄 사람들은 주로 티베트 불교라는 종교를 믿고 있습니다.

사바이는 레이스나 자잘한 주름, 자수 등으로 아름답게 장식한 것도 있어.

옷감은 면이나 삼베 등 움직이기 쉽고 튼튼한 천을 사용해 왔어. 최근에는 비단도 사용해.

몸에 감아서 입는 파눙과 사바이

태국 여성들은 '**파눙**'과 '**사바이**'를 입습니다. **파눙**은 통 모양의 긴 치마이고, **사바이**는 띠 같은 긴 천이에요. 이것을 가슴에 감고, 남은 부분은 왼쪽 어깨에 걸쳐요.

파눙은 몸에 맞춰 주름이 잡히게 감은 다음 벨트로 고정해.

태국

동남아시아에 있는 나라로 국토의 반 이상이 삼림이지만, 평야가 비옥해 농업이 발달했어요. 적도에 가까워 연평균 기온이 28도입니다. 비가 많이 내리는 5월부터 10월까지는 습도도 높아집니다. 태국의 민족의상은 기온과 습도가 높아도 상쾌하게 지낼 수 있도록 시원하게 만들어져 있어요.

무늬가 아름다운
신과 파비앙

라오스 여성의 민족의상은 '신'이라는 통 모양의 치마와 '파비앙'이라는 숄이 특징입니다. 여성들은 어릴 때부터 자신이 입을 신을 짜는 법을 배우지요. 성인이 되기 전까지 천을 짜는 여러 가지 기술을 익힙니다.

선명한 무늬의 파비앙은 여러 가지 색으로 물들인 비단실을 직조기로 짜서 만들어.

절에 갈 때나 특별한 날에는 꼭 파비앙을 왼쪽 어깨에 걸치지.

신과 파비앙을 짜는 방법이나 무늬는 민족에 따라 달라.

평상복으로는 면, 특별한 날에는 비단으로 만든 걸 고르지.

라오스
동남아시아 인도차이나반도에 있는 나라입니다. 메콩강 주위에서는 벼농사가 활발하지요. 소수 민족이 사는 마을에서는 라오스의 전통 비단이 만들어집니다. 여러 민족으로 구성돼 있는 나라로 민족마다 독자적인 민족의상과 문화, 언어를 가지고 있어요.

계절에 맞춰 입는
기모노

'기모노'의 원형은 지금으로부터 2000년쯤 전에 중국에서 들어왔어요. 시대와 계절, 입는 상황에 따라 사용되는 옷감과 기모노의 모양은 여러 가지입니다. 기모노는 원래 '옷'이라는 뜻으로 모든 옷을 가리켰지만 지금은 일본 전통 의상만을 가리켜요.

기하학 무늬가 특징인
아이누족의 민족의상

홋카이도 원주민인 아이누 사람들의 민족의상에는 독특한 기하학 무늬가 수놓아져 있어요.

색실로 자수가 되어 있는 것을 '루운페'라고 해.

금실이나 은실로 호화로운 자수를 한 기모노는 새해나 축하할 일이 있을 때 딱 알맞아.

봄에는 매화나 벚꽃, 여름에는 잠자리, 가을에는 단풍, 겨울에는 동백 등 계절감이 느껴지는 무늬를 자주 그려 넣어.

일본
홋카이도, 혼슈, 시코쿠, 규슈라는 4개의 큰 섬과 주위의 작은 섬들로 이루어진 나라예요. 나라 전체가 바다에 둘러싸여 있지요. 태평양과 동해 사이에 있고 가늘고 기다란 모양을 하고 있습니다. 1년이 봄, 여름, 가을, 겨울, 사계절로 나뉘어져 있고 계절마다 기후가 달라요.

긴소매 원피스
아오자이

'아오자이'는 칼라의 형태와 양쪽의 슬릿이 특징이에요. 색실로 수를 놓거나 천을 물들여서 아름다운 무늬를 그립니다. 밑에는 '쿠완'이라는 통이 넉넉한 바지를 입어요.

태양이 눈부신 낮에는 나뭇잎이나 대나무를 짜서 만든 '논라'라는 전통 모자를 써.

남성은 축제나 결혼식 때 아오자이를 입어.

옛날에는 결혼하지 않은 여성은 흰색 쿠완, 결혼한 여성은 검은색 쿠완을 입어야 한다고 정해져 있었어.

발에는 슬리퍼나 샌들을 신어.

베트남
동남아시아 인도차이나반도 동쪽 끝에 있는 나라로 국토의 4분의 3이 산지입니다. 중국 문화의 영향을 받은 경족이라는 민족이 많이 살고 있습니다. 그 외에도 53개의 민족이 있어 문화나 생활 양식이 조금씩 달라요.

특별한 때에 입는 사리는 금실과 은실로 호화롭게 자수가 되어 있어.

한 장의 천으로 만들어진! 사리와 도티

여성은 한 장의 커다란 천을 몸에 감아서 입는 '사리', 남성은 '도티'라는 허리에 감는 천을 입어요. 감는 방법이나 주름을 지게 하는 방법, 사용하는 천과 염색 방법 등은 지역이나 직업에 따라 다르답니다.

위에는 '쿠르타'라는 넉넉한 셔츠를 입어.

남성들 중에는 선명한 색으로 물들인 천을 밧줄처럼 꼰 '터번'을 머리에 감는 사람도 있지.

도티는 감는 방법에 따라 다양하게 입을 수 있어. 허리에 감거나 바지처럼 입기도 해.

사리는 폭이 1미터, 길이가 5미터나 된대!

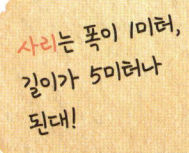

인도

13억 명 이상이 살고 있는 인도는 중국에 이어 세계에서 두 번째로 인구가 많은 나라입니다. 넓은 나라라서 고원이나 사막, 습지 등 지역에 따라 기후가 달라요. 한여름에는 40도를 넘는 곳도 있답니다. 쌀, 밀, 땅콩 등을 많이 생산합니다.

특별한 날에 입는 한복

한국의 민족의상은 '한복'이라고 해요. 여자는 '치마저고리', 남자는 '바지저고리'를 입습니다. 한복은 결혼식이나 축하할 일이 있을 때 등 특별한 날에 입지요. 한복에서 치마는 가슴 부분에 두르는 긴 하의를 말하고, 저고리는 길이가 짧은 상의를 말합니다.

외출할 때 쓰는 모자 '갓'. 말의 꼬리털과 대나무로 만들어져 있어서 가벼워.

바지저고리 위에 입는 외출용 상의 '두루마기'.

깃, 고름, 끝동만을 자줏빛이나 남빛 천으로 꾸민 여성의 저고리를 '반회장저고리'라고 해.

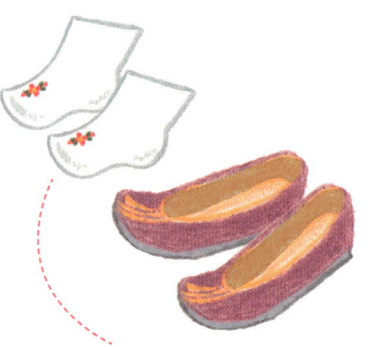

예쁘게 수를 놓은 '버선'과 '꽃신'.

바지는 통이 넓어.

한국

아시아 북동부 한반도의 남쪽과 제주도, 독도 등의 섬으로 이루어져 있습니다. 국토의 70%가 산지이며, 국토의 면적에 비해 강이 많은 편입니다. 사계절이 뚜렷한 기후로 여름에는 기온이 30도 이상, 겨울에는 영하 10도 이하가 되기도 합니다. 김치와 인삼이 유명해요.

강렬하고 화려한 색상의
메스티사 드레스

'메스티사 드레스'는 '사야'라는 길이가 긴 치마와 '파뉴엘로'라는 블라우스를 합한 드레스입니다. 파뉴엘로는 어깨가 크게 부풀어 있는 것이 특징이지요. 사야는 꼬리처럼 뒤가 1미터 정도 길게 되어 있어요.

파뉴엘로는 파인애플 잎의 섬유를 이용해서 짠 천으로 만들어.

'라피스'라는 에이프런 스커트.

라피스에는 커다란 꽃무늬 등이 그려져 있어.

필리핀
동남아시아 서태평양에 떠 있는 7,000개 이상의 크고 작은 섬으로 이루어진 나라입니다. 풍요로운 자연과 유적 등 섬마다 다른 매력을 즐길 수 있어요. 적도에 가깝기 때문에 1년 내내 덥고 비가 많이 옵니다. 쌀, 옥수수, 바나나, 설탕, 카사바 등을 많이 생산합니다.

더위를 이겨 내는 사롱과 카바야

'사롱'이라는 치마와 '카바야'라는 짧은 상의가 민족의상이에요. 사롱은 한 장의 커다란 천을 통 모양으로 꿰맨 것으로 지역마다 염색이나 직조 방법에 특징이 있어요. '납힐'이라는 염색법으로 물들인 천은 '바틱'이라고 해요.

면이나 비단에 밀랍으로 무늬를 그려서 염색하지.

여러 색을 사용한 바틱은 '자바 사라사'라고도 해. 인도네시아의 명물이지.

카바야를 입고 '슬렌당'이라는 천을 어깨에 걸쳐.

사롱은 '스타겐'이라는 띠를 감아서 고정해.

축제 때 입는 전통적인 민족의상에도 바틱이 사용돼.

인도네시아

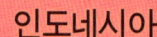

크고 작은 여러 섬이 모여서 이루어져 있습니다. 적도 바로 밑에 있기 때문에 1년 내내 더워요. 가장 큰 섬은 뉴기니섬으로 이 섬의 서쪽 절반이 인도네시아예요. 인도네시아의 섬들 중 하나인 발리섬은 춤이 유명해요.

머리 장식을 보면 어느 민족인지 알 수 있어. 새의 깃털이나 조개껍질 등으로 장식한 커다란 머리 장식으로 용맹함을 표현하지.

화장에는 극락조와 국기를 상징하는 노랑, 빨강, 검정색이 사용돼. '나도 신에 가까워지고 싶다', '강해지고 싶다'는 바람이 담겨 있어.

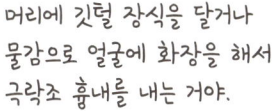

머리에 깃털 장식을 달거나 물감으로 얼굴에 화장을 해서 극락조 흉내를 내는 거야.

극락조를 신으로 믿는 메케오족의 민족의상

민족에 따라 조상이나 동물 등을 신으로 믿고 있어요. 축제나 의식 때는 각자가 생각하는 신을 상징하는 의상을 입고 화장도 합니다. 메케오족은 파푸아 뉴기니에 사는 극락조라는 새를 신으로 믿고 있어요.

바나나 잎의 섬유를 엮어서 만든 짧은 도롱이도 있어.

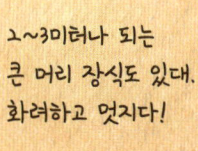

2~3미터나 되는 큰 머리 장식도 있대. 화려하고 멋지다!

파푸아 뉴기니

태평양에 떠 있는 뉴기니섬의 남쪽 부분과 그 주위의 600개 이상의 섬으로 이루어져 있습니다. 약 800개의 민족이 각각의 언어와 문화, 민족의상을 가지고 있어요. '싱싱'이라는 축제 때는 여러 민족이 모여서 춤을 춘답니다.

조개껍질이나 나뭇잎, 새의 깃털 등으로 만든 목걸이나 펜던트를 목에 걸어.

축제나 의식 때는 하얀색 깃털로 만든 머리 장식을 하지.

알몸을 장식하는 페인트와 천

아보리진은 호주의 원주민이에요. 창이나 부메랑으로 동물을 사냥하는 옛날 그대로의 생활을 하고 있지요. 그들이 몸에 걸치는 것은 허리에 감는 천이 전부예요. 그 외에는 하얀 흙으로 몸에 여러 가지 무늬를 그리지요. 아보리진은 그림이나 무늬를 잘 그려서 '아보리진 아트'로 유명합니다.

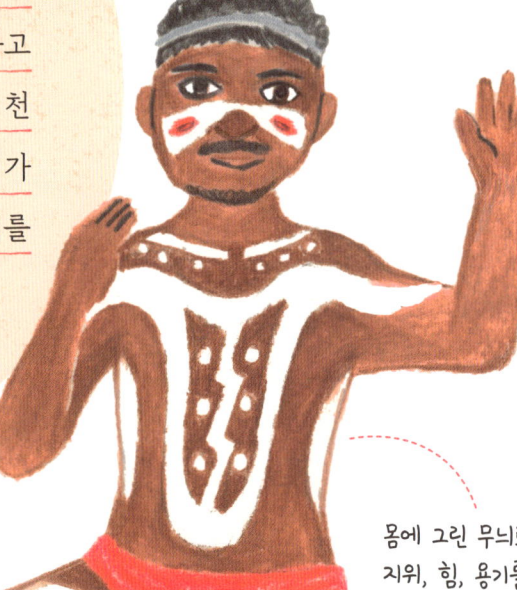

몸에 그린 무늬로 지위, 힘, 용기를 표현해.

와~ 아보리진 아트가 정말 굉장하네. 이렇게 하면 나도 강해 보일까?

호주

남태평양에서 가장 큰 나라입니다. 남반구에 있기 때문에 한국과는 계절이 반대예요. 호주에는 예로부터 '아보리진'이라는 민족이 살고 있습니다. 그들은 자연이나 동물을 소중히 여기며 생활하고 있어요. 오리너구리, 유칼리나무 등 다른 나라에서는 볼 수 없는 독특한 동식물이 많이 서식하고 있습니다.

손으로 짜는 천
타니코

마오리족 사람들은 축제 때 '퓨퓨'라는 짧은 도롱이를 허리에 두릅니다. 퓨퓨 위에는 '타니코'라는 독특한 무늬가 짜인 벨트나 옷을 걸쳐요. 얼굴과 몸에 '모코'라는 문신을 하는 사람도 있습니다.

여성은 '포이'라는 춤을 춰. 포이는 구슬을 말하는데 손으로 구슬을 돌리는 거야.

빨강, 검정, 흰색으로 삼각형이나 사각형 무늬를 짜. 빨강은 생명력, 검정은 죽음과 천국, 흰색은 빛과 깨끗함을 나타내지.

퓨퓨는 풀의 섬유로 짠 천으로 만들어.

뉴질랜드
호주 동쪽에 있는 섬나라로 커다란 두 개의 섬과 여러 개의 작은 섬들로 이루어져 있습니다. 지형이 험하고 화산이 많고 지진도 자주 일어나요. 약 1000년 전부터 살아온 '마오리족' 사람들은 따뜻한 기후를 이용해 소나 말, 양 등을 기르며 생활하고 있어요.

눈 속에서도 눈에 띄는
각티

모자 중에는 동서남북의 방향을 나타내는 네 개의 뿔이 있는 것도 있어.

통 모양의 모자는 뒤에 긴 리본이 달려 있어.

북극권에 가까운 지역에 사는 사미족 사람들은 파란색에 빨간색 테두리가 있는 옷을 입습니다. 선명한 색은 눈에 잘 띄어 하얀 눈 속에서도 사람의 모습을 확실하게 알아볼 수 있지요. 눈 위를 걸을 때는 순록의 모피로 만든 장화를 신습니다.

장화를 신을 때는 발에 마른풀을 감고 나서 신어. 그 다음 장화 위로 끈을 감아. 이렇게 하면 비나 눈이 스며들지 않거든.

남녀 모두 목과 소매, 옷자락에 빨간 천으로 테두리를 달아. 테두리에는 섬세한 자수가 되어 있지.

핀란드
유럽 북부 스칸디나비아반도에 있는 나라입니다. 나라의 대부분이 산림으로 덮여 있어요. 1년에 반 이상은 기온이 10도 이하이며, 겨울에는 영하 20~40도가 되는 추운 나라입니다. 북부에서는 오로라를 볼 수 있답니다. 순록을 방목해 키우고, 산타클로스 마을이 있어요.

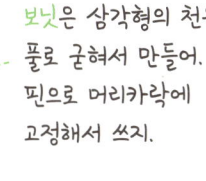

보닛은 삼각형의 천을 풀로 굳혀서 만들어. 핀으로 머리카락에 고정해서 쓰지.

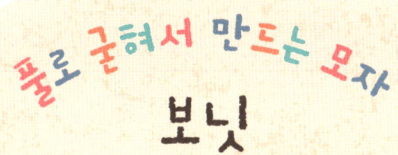

풀로 굳혀서 만드는 모자
보닛

스웨덴에는 400개 이상의 민족의상이 있습니다. 매년 6월에 열리는 축제에는 다양한 민족의상을 입은 사람들이 모이지요. 대표적인 여성 의상은 하얀 블라우스에 빨간 조끼, 발목까지 오는 검은 치마에 앞치마입니다. 머리에는 '보닛'이라는 모자를 쓰는 것이 특징이에요.

자수는 천을 튼튼하게 만드는 역할을 하기도 해.

지역에 따라 모자나 스카프의 모양과 무늬, 자수가 달라.

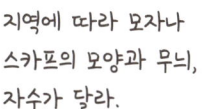

스웨덴
유럽 북부 스칸디나비아반도 동쪽에 있는 나라입니다. 나라의 절반이 삼림으로 덮여 있고, 호수가 많습니다. 철광석, 구리, 목재, 수자원이 풍부하고, 숲의 나무를 사용한 가구 생산을 많이 합니다. 겨울 스포츠인 아이스하키가 유명해요.

살짝 부푼 소매에는 커다란 장미 무늬가 수놓아져 있어.

붉은색 머리 장식
후스타

폴란드 중부 워비츠 지역의 여성들은 '후스타'라고 부르는 빨간색 머리 장식을 하고, 하얀 블라우스 위에 소매가 없는 드레스를 입어요. 앞치마는 줄무늬나 체크 무늬 천을 사용하지요.

사각형 모양의 붉은 모자
크라쿠스카

폴란드 남부 지역의 남성들은 '크라쿠스카'라는 붉은 모자를 쓰고, 소매가 없는 긴 조끼를 입습니다. 가슴에는 붉은색 수술들이 달려 있어요. 바지는 줄무늬 무늬로 부츠 안에 넣어서 입습니다.

남녀 모두 산뜻한 의상이네!

폴란드

유럽 중부에 있는 나라로 발트해와 접해 있어요. 폴란드라는 나라 이름은 '평원'이라는 뜻이에요. 유럽의 중앙부에 있고, 울창한 숲과 호수를 가지고 있어요. 동이나 석탄 등 광물 자원이 풍부하고, 세계에서 손꼽히는 호밀 생산국입니다.

타탄은 '가문의 문장' 같은 것. 체크의 색이나 무늬에 따라 신분과 출신을 알 수 있대.

체크무늬 천으로 만드는 킬트

영국 북부의 스코틀랜드에서는 남성도 '킬트'라는 치마를 입습니다. 킬트는 '타탄'이라는 체크무늬의 모직물로 만들지요. 길이가 짧은 상의는 본래 군인의 제복이었지만 지금은 평범한 남성들도 특별한 날에 입는답니다.

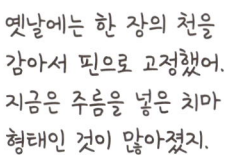

옛날에는 한 장의 천을 감아서 핀으로 고정했어. 지금은 주름을 넣은 치마 형태인 것이 많아졌지.

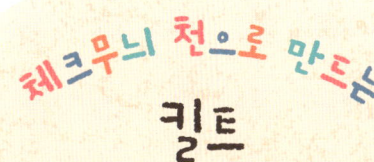

체크의 종류가 다양해서 보고만 있어도 눈이 즐겁네!

영국

유럽 서북쪽에 있는 섬나라입니다. 대브리튼섬의 잉글랜드, 스코틀랜드, 웨일스와 아일랜드섬의 북아일랜드까지 총 네 개의 지역으로 이루어져 있어요. 여름 평균 기온은 16도, 겨울 평균 기온은 4도로 여름은 선선하고 겨울은 따뜻해요. 축구나 테니스, 골프 등 많은 스포츠가 영국에서 생겨났어요.

접시 같은 모양을 한 쿠아프.
모양이 망가지지 않도록
풀로 굳혀서 만들어.

다양한 모양이 있는
쿠아프

서부의 브르타뉴 지방 축제 때 여성이 입는 의상입니다. 검은 바탕에 금실과 은실로 자수를 한 드레스, 머리에는 '쿠아프'라는 레이스 모자를 쓰지요. 쿠아프의 모양은 여러 가지로 지방에 따라 다릅니다.

두 개의 뿔이 솟아 있는 것 같은
독특한 모양의 쿠아프.

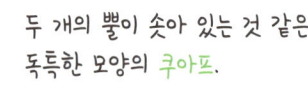

30센티미터 이상이나 되는
통 모양의 쿠아프.

프랑스
서유럽에 있는 육각형 모양의 나라예요. 모네나 르누아르 등 인상파 화가가 태어난 예술의 나라로 세계 유산이 많이 있습니다. 매년 큰 패션쇼가 열리는 '패션의 중심지'이기도 하지요. 올리브, 포도 농사가 활발하고, 맛있는 포도주가 유명합니다.

나무로 만드는 신발
클롬펜

해수면보다 낮고 축축한 땅이 많기 때문에 물이 스며들지 않도록 '클롬펜'이라는 나무 신발을 신습니다. 여자는 검은 상의와 꽃무늬 조끼를 입고, 줄무늬 치마에 검은색 앞치마를 해요. 머리에는 '휼'이라는 하얀 레이스로 만든 모자를 씁니다.

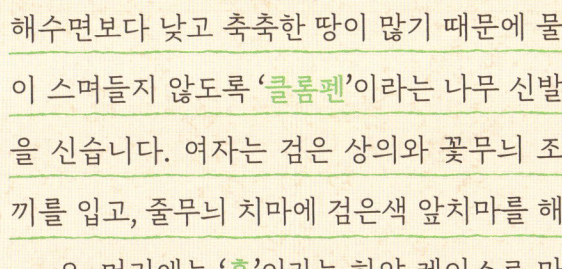

휼은 접시같이 평평한 것도 있고, 삼각형같이 뾰족한 모양을 한 것도 있어.

빨간 목걸이는 산호로 만들어. 안에는 부모님이나 조상의 사진을 넣지.

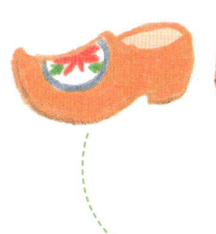

버드나무를 파내서 만드는 클롬펜. 끝이 뾰족하게 위를 향하고 있는 것이 특징이야.

휼은 프랑스의 쿠아프와 비슷하네. 나라가 가까워서일까?

네덜란드
서유럽 북해 옆에 있는 작은 나라입니다. 나라의 4분의 1의 땅이 해수면보다 낮아요. 네덜란드라는 이름도 '낮은 땅'이라는 뜻에서 왔지요. 지리적 위치를 이용해 옛날부터 외국과의 왕래가 활발했습니다. 풍차와 튤립, 치즈가 유명합니다.

14개의 양털 방울이 달린
볼렌훗

오래 전 독일은 몇 개의 왕국으로 나뉘어 있었습니다. 이 때문에 민족의상의 종류가 다양하지요. 남부는 선명한 색, 북부는 차분한 색이 많아요. 슈바르츠발트 남부 지방에서는 방울 장식이 달려 있는 '볼렌훗'이라는 모자를 씁니다.

결혼하지 않은 여성들은 빨간색 방울, 결혼한 여성들은 검은색 방울을 달아.

농작물의 수확을 축하하는 축제 때는 추수한 밀을 손에 들지.

특별한 날에는 보석이 달린 숄을 해.

민족의상은 1년에 한 번 있는 축제 때에만 볼 수 있대. 이렇게 멋있는데 말이야.

독일
유럽 한가운데에 있는 나라로 라인강과 도나우강이 흐르고 있습니다. 남쪽에는 산지가 많아요. 제2차 세계 대전 후에는 동서로 나뉘어 있었지만 1990년에 다시 하나의 나라가 되었지요. '헨젤과 그레텔', '백설 공주', '라푼젤' 모두 독일의 옛날이야기예요.

티롤리언해트는 펠트로 만든 모자에 끈이나 새의 깃털로 장식해. 남성과 여성 모두 쓸 수 있어.

산이 많은 티롤 지방의 티롤리언해트와 레더호젠

오스트리아 서부 티롤 지방은 산이 많아요. 이 지역 사람들은 '티롤리언해트'를 쓰지요. 남자는 금속 단추가 달린 상의에 '레더호젠'이라는 바지를 입어요.

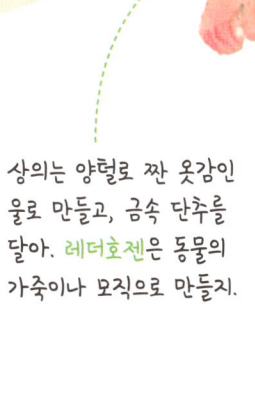

레더호젠은 'H'자 모양의 어깨끈이 달린 멜빵 바지야.

상의는 양털로 짠 옷감인 울로 만들고, 금속 단추를 달아. 레더호젠은 동물의 가죽이나 모직으로 만들지.

오스트리아

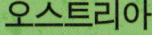

'유럽의 지붕'이라고 불리는 알프스산맥이 있습니다. 산이 많은 나라이기 때문에 기후가 변덕스럽고 비가 오는 날도 많아요. 수도 빈은 옛날부터 클래식 음악이 발달해서 '음악의 도시'라고 불리고 있어요. 겨울에는 눈이 많이 와서 스키 같은 겨울 스포츠를 즐길 수 있어요.

머리에 다는 꽃 장식. 드레스와 잘 어울리는 색을 달아.

프릴이 가득 달린
플라멩코 드레스

남부 안달루시아 지방의 여자들은 축제나 축하할 일이 있을 때, 소매나 치마에 여러 겹의 프릴이 달린 '플라멩코 드레스'를 입고 춤을 춥니다. 남자는 길이가 짧은 상의에 딱 맞는 바지를 입고 챙이 넓은 모자를 써요.

레이스로 만든 '만티야'라는 베일. 머리카락에 '페이네타'라는 장식용 빗을 꽂고, 그 위에 써.

'세비야의 봄 축제' 때는 플라멩코 드레스를 입은 여성들이 마을 여기저기에서 플라멩코를 춰.

스페인
유럽의 남서쪽 끝 이베리아반도에 위치한 나라예요. 바다에 둘러싸여 있어 따뜻해요. 밝은 햇살이 쏟아져 '태양과 정열의 나라'라고 불리고 있습니다. 플라멩코라는 격렬한 춤과 투우사와 소가 싸우는 투우가 유명해요.

수많은 민족의상이 남아 있는 사르데냐 지방

이탈리아 남쪽에 있는 작은 섬, 사르데냐에 가면 3,000개 이상의 민족의상이 남아 있습니다. 섬의 양치기는 양의 모피로 만든 전통적인 코트를 입어요. 여성들은 하얀 레이스 블라우스와 빨간색이나 검은색 천에 금으로 자수를 한 상의를 겹쳐 입지요. 치마 위에는 갖가지 색의 앞치마를 걸칩니다.

격식을 차려야 할 경우, 여성은 머리에 하얀 레이스 베일을 쓴대.

가느다란 주름이 촘촘히 잡힌 치마를 펼치면 원형이 돼.

이탈리아

유럽 중남부에 있는 나라예요. 지중해에 뻗어 있는 장화 같은 모양의 반도와 그 주위에 섬으로 이루어져 있어요. 여름은 건조하고 겨울에는 비교적 비가 많이 와요. 1300~1600년경 번성한 르네상스 문화의 영향으로 역사적인 건물이나 예술 작품이 많이 남아 있어요.

길이가 긴 원피스
슈미즈

여성은 '슈미즈'라는 길이가 긴 원피스를 입고, 앞치마를 두릅니다. 의상의 색은 빨간색, 흰색, 검은색이 기본이에요. 십자나 마름모, 꽃무늬 등 자잘한 무늬가 의상 전체에 수놓아져 있어요.

앞치마에는 아코디언처럼 가느다란 주름이 잡혀 있어.

슈미즈 위에 '수크만'이라는 소매 없는 원피스를 입어.

여자아이는 10대가 되면 자수를 배우기 시작한대!

자수에는 나쁜 것이 들어오지 못하도록 하는 '부적'의 의미도 있어. 특히 빨간색은 부적의 힘이 강하다고 해.

불가리아
동유럽에 있는 작은 나라예요. 겨울에는 춥지만 흑해 부근 지방은 1년 내내 따뜻하지요. 밀과 포도 재배가 활발하고, 염소젖으로 만드는 요구르트와 치즈, 향수의 원료가 되는 장미 생산으로 유명합니다.

화려한 색, 아름다운 자수
사라판과 루바슈카

여성은 하얀 블라우스 위에 '사라판'이라는 점퍼스커트를 입습니다. 치마의 길이는 발목이 가려질 정도로 길지요. 남성의 의상은 '루바슈카'예요. 허리까지 오는 길고 넉넉한 셔츠로 왼쪽 옆구리를 단추로 고정해요. 소매나 목에는 자수가 되어 있어요.

루바슈카의 옷자락은 바지 속에 넣지 않고 꺼내서 입어. 벨트 대신 끈으로 허리를 묶지.

오래 전부터 사용한 머리 장식인 '코코쉬닉'이야. 결혼식, 축제 등 특별한 날에 즐겨 쓰지.

빨간색 사라판은 결혼식이나 축제 등 축하할 일이 있을 때 입어.

러시아
아시아와 유럽에 걸쳐 있는 큰 나라입니다. 겨울에는 날씨가 추워서 영하 10도 이하가 될 때도 있어요. 100개 이상의 민족이 있어 지역에 따라 옷이나 생활 모습이 다릅니다. 오페라와 발레가 유명해요.

지방에 따라 특징이 다른
칼로타세그 지역

루마니아 서쪽에 있는 칼로타세그는 위쪽 지방, 아래쪽 지방, 나다슈 지방으로 나뉘는데 각 지방에 따라 의상의 특징이 다릅니다.

'빠르타'는 진주 같은 하얀 비즈를 가득 달아서 만든 머리 장식이야.

조끼에도 빼곡하게 자수를 해. 바탕이 보이지 않을 정도로 말이야.

나이가 어릴 때는 빨간색이나 흰색, 노란색 스카프를 하고, 나이가 들면 파란색이나 녹색, 검은색 스카프로 바꾸지.

위쪽 지방

'카트린쳐'라는 치마는 두 장이 한 벌이야.

'빤틀리카'는 허리에 감는 리본이야. 여성들은 꽃무늬 자수가 놓인 빤틀리카를 가장 갖고 싶어 한대.

나다슈 지방

루마니아
동유럽에 있는 나라입니다. 흑해에 가까운 동부 지역은 따뜻하지요. 남쪽에는 도나우강이 흐르고 들새가 알을 낳기 위해 모여듭니다. 수도를 포함한 도시들이 빠르게 발전하고 있지만 지방에는 옛날 그대로의 생활 방식이 잘 남아 있습니다. 농업과 석유 생산이 활발해요.

수를 놓은 꽃잎과 나뭇잎이 도톰하게 튀어나와 있어.

색실로 그리는 꽃무늬
컬로처 자수

옷 전체가 레이스와 자수로 되어 있습니다. '컬로처 자수'는 컬로처 지방에서 전해진 자수를 말합니다. 곳곳에 레이스를 넣거나 나라꽃인 튤립과 장미를 수놓기도 한답니다.

지역에 따라 사용하는 실의 색이 달라. 결혼한 여성은 수를 놓은 머리쓰개를 하도록 정해져 있어.

치마에는 섬세한 주름을 넣어. 파란색이나 빨간색이 많지.

등에도 꽃무늬 자수가 가득해.

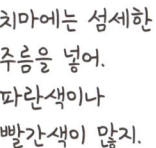

헝가리

유럽 대륙 중앙에 있는 나라예요. 루마니아와 크로아티아 등 일곱 개의 나라가 둘러싸고 있어요. 국토의 대부분이 평야예요. 봄과 가을이 짧고 여름에는 비가 많이 옵니다. 포도와 파프리카 등 농업이 활발하고, 수도인 부다페스트 곳곳에 온천이 있어요.

온몸을 덮는 젤라바

모로코의 원주민인 베르베르족은 남녀 모두 '젤라바'라는 후드가 달린 상의를 입습니다. 옛날에는 갈색이나 회색 등 차분하고 어두운 색이 많았지만, 지금은 빨간색이나 파란색 등 밝고 선명한 색도 있어요.

축하할 일이 있을 때는 하얀 젤라바와 모자를 써.

종교상의 규칙으로 여성은 밖에 나갈 때 '리탐'이라는 천으로 얼굴을 가리지.

바부슈는 슬리퍼 같네!

동물 가죽으로 만든 '바부슈'는 신발 뒤축을 꺾어서 신어.

모로코
북아프리카에 있는 모로코는 이슬람교도가 많은 나라입니다. 지리적으로 유럽과 가까워 옛날부터 왕래가 활발했어요. 오래 전부터 이곳에 살았던 베르베르족은 자신들의 문화를 소중하게 지켜 나가고 있습니다.

사프세리는 사방 2미터의 커다란 천.

결혼한 여성이 쓰는
사프세리

튀니지에서 믿는 이슬람교에는 결혼한 여성은 가족 이외의 남성에게 얼굴이나 맨살을 보여서는 안 된다는 규칙이 있습니다. 결혼한 여성들은 밖에 나갈 때 '사프세리'라는 사각형의 커다란 천으로 머리에서부터 완전히 감쌉니다.

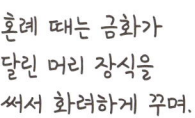
혼례 때는 금화가 달린 머리 장식을 써서 화려하게 꾸며.

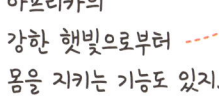
아프리카의 강한 햇빛으로부터 몸을 지키는 기능도 있지.

튀니지
아프리카 대륙 북쪽에 있는 작은 나라입니다. 남북으로 긴 모양을 하고 있어요. 지중해에 맞닿아 있는 나라로 바다 건너편에는 이탈리아의 시칠리아섬이 있지요. 남쪽에는 사하라 사막이 있고요. 튀니지에는 지금도 많은 고대 유적이 남아 있습니다.

사막에서도 시원한 갈라비아

베두인족 사람들은 남녀 모두 '갈라비아'라는 넉넉한 원피스를 입습니다. '여성은 아름다운 부분을 감추어야 한다'는 이슬람교의 규칙에 따라 얼굴이나 머리카락을 가리는 스카프와 가리개가 생겨났어요.

베두인족 여성은 얼굴 가리개를 써.

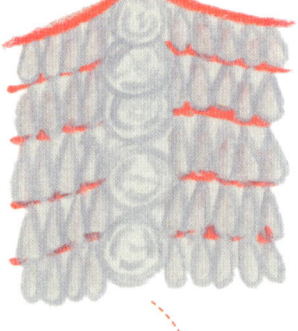

얼굴 가리개는 진주나 쇠, 조개껍질, 비즈 등으로 장식을 하지.

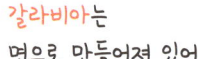

갈라비아는 면으로 만들어져 있어.

남성은 머리에 '터번'을 감거나 '아갈'이라는 검은 고리를 써.

이집트

아프리카 대륙 북동쪽에 있는 나라예요. 대부분이 사막이고 세계에서 가장 긴 강인 나일강이 흐르고 있습니다. 고대 문명의 발상지 중 하나로 피라미드와 투탕카멘의 마스크가 유명합니다. 베두인족 사람들은 낙타와 함께 생활하고 있어요.

이슬람교의 규칙을 담은
토브와 아바야

이슬람교를 믿는 사우디아라비아에는 옷에 관한 세세한 규칙이 있습니다. 남성은 '토브'라는 하얀 원피스 같은 옷을 입어요. 여성은 맨살을 보이는 것이 금지되어 있기 때문에 '아바야'라는 검은 가운을 입습니다.

슈마그 위에 '아갈'이라는 검은 끈으로 된 고리를 얹어.

머리에는 '슈마그', '구트라'라는 흰색 또는 흰색과 빨간색의 체크로 된 천을 쓰지.

머리에는 '히잡'이라는 검은 스카프를 써.

얼굴에는 '니캅'이라는 검은 천을 써.

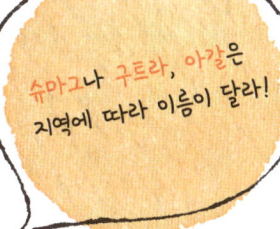

슈마그나 구트라, 아갈은 지역에 따라 이름이 달라!

사우디아라비아
아프리카 대륙 북동쪽 아라비아반도에 있어요. 이 주변은 사막 지대로 낮에는 매우 덥고 밤에는 기온이 뚝 떨어집니다. 비도 별로 오지 않아요. 사우디아라비아에서 나오는 많은 석유는 전 세계로 팔리고 있어요.

가나를 대표하는 천
켄테 클로스

'켄테 클로스'는 남부에 사는 에웨족이나 아샨티족에게 예부터 전해진 천입니다. 옛날에는 비단이나 면으로 짰고, 신분이 높은 사람들이 입는 옷이었어요. 지금은 축제나 의식 때 입습니다.

켄테 클로스는 10센티미터 정도의 천을 여러 개 이어 붙여서 한 장의 커다란 천으로 만드는 거야.

목걸이나 팔찌, 발목 장식 등에 금과 비즈가 사용되지.

빨강, 노랑, 녹색 등을 사용한 독특하고 다양한 기하학 무늬가 그려져 있어.

가나

아프리카 서부 기니만에 접해 있는 나라입니다. 나라의 북부에는 사막, 남부에는 열대 우림이 펼쳐져 있습니다. 초콜릿의 원료인 카카오 생산이 활발해요. 옛날부터 금이나 다이아몬드가 많이 나서 '골드코스트(황금 해안)'라고 불렸답니다.

형형색색의 비즈와 천
마시파이와 캉가

케냐에 사는 마사이족은 남녀 모두 비즈로 만든 목걸이나 귀걸이를 합니다. 그중에서도 '마시파이'라는 목걸이가 유명하지요. 여성은 '캉가'라는 천을 몸에 감습니다.

캉가는 어린아이를 안을 때나 물건을 쌀 때도 사용돼.

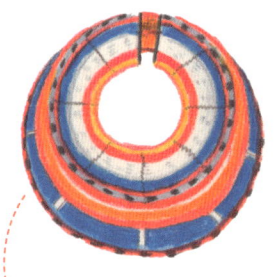

마시파이는 선명한 색상의 비즈로 만든 목걸이야. 원반 같은 모양을 하고 있지. 크기가 다른 마시파이를 여러 개 겹쳐서 하는 사람도 있어.

케냐
동아프리카에 있는 나라로 적도가 나라의 한가운데를 지나고 있습니다. 수도 나이로비는 대도시예요. 그 이외의 지방에서는 약 40개의 민족이 옛날부터 전해 내려온 문화를 지키며 살고 있어요. 커피와 차 생산이 활발합니다.

풍요로움을 나타내는 비즈 장식

줄루족 사람들에게 비즈는 중요한 의상의 일부입니다. 아기는 옷을 입기도 전에 비즈로 된 치마를 입지요. 나이가 들수록 더 많은 비즈를 몸에 걸칩니다.

갖가지 색의 비즈를 연결한 목걸이.

줄루족의 여성들이 결혼식 때 걸치는 숄. 결혼식이 끝나면 앞치마로 사용해.

옛날에는 비즈를 돈으로 사용했대!

남아프리카 공화국

아프리카 대륙 최남단에 있습니다. 다이아몬드와 금이 많이 나기 때문에 50개 이상의 나라가 있는 아프리카 대륙에서 풍요로운 나라에 속하지요. 옛날부터 이곳에서 살던 줄루족은 농사를 짓거나 소와 양을 기르며 살고 있어요.

민족에 따라 깃털 장식이 달린 것이나 털실로 짠 것 등 여러 가지 모자가 있어.

넉넉하고 시원한
부부

남성은 품이 넉넉한 상의인 '**부부**'와 바지를 입고, 샌들을 신습니다. 모자를 쓰는 게 성인 남성의 상징이라고 해요. 여성은 천으로 감싸는 상의와 치마를 입고, 머리에는 두건을 씁니다.

상의와 치마는 같은 무늬로 맞출 때가 많아.

목 부분이 원형인 것이 특징이야. 옷 전체에 무늬가 수놓아져 있어.

카메룬
아프리카 중부 서쪽에 있는 가늘고 긴 삼각형 모양의 나라입니다. 남부는 열대 우림, 북부는 사하라 사막과 가까워 비가 적고, 서부는 바다 옆이라 비가 많습니다. 지역에 따라 기후가 달라 사람들의 생활 모습이나 문화 또한 달라요.

아메리카

(알래스카)

(하와이)

p.46-47 미국

p.53 멕시코

p.48 파나마

p.51 코스타리카

p.55 에콰도르

p.49 페루

아메리카 대륙은 북쪽과 남쪽으로 구분해요. 문화와 기후가 달라 민족의상의 종류도 다양해요. 사냥을 하며 살았던 알래스카의 민족들은 동물 가죽이나 털을 이용해 옷을 만들었고, 적도 가까이 있는 나라에 사는 민족들은 '판초'처럼 천 한가운데에 구멍을 뚫고 머리를 통과시키는 옷을 만들어 입었습니다. 아마존 같은 정글에서는 거의 알몸으로 사는 민족도 있어요.

아메리카 원주민들의 프린지와 모카신

아메리카의 원주민에는 코만치족이나 나바호족 등 여러 부족이 있습니다. 사는 곳이나 문화, 옷은 부족마다 달라요.

- 비즈나 자수로 장식되어 있어.
- 사슴 가죽을 꿰매서 만든 아메리카의 전통적인 신발 '모카신'.
- 천 조각을 가늘게 갈라서 가장자리에 다는 '프린지'로 장식해.
- 은이나 천연석으로 만든 액세서리도 특징적이야.

코만치족

- 새의 깃털이나 비즈는 장식으로 사용돼.
- 털실로 짠 상의를 입어. 빨간색을 좋아하는 부족이라서 옷에 많이 사용해.

나바호족

미국
북아메리카 대륙의 캐나다와 멕시코 사이에 있는 나라입니다. 대륙 한가운데에 있는 본토와 캐나다를 사이에 두고 대륙 끝에 있는 알래스카, 태평양에 떠 있는 하와이 등으로 이루어져 있지요. 원주민들은 원래 사냥을 하며 살았어요. 그랜드 캐니언, 자유의 여신상, 엠파이어 스테이트 빌딩 등이 유명해요.

추위를 견딜 수 있는
파카

알래스카에는 이누이트라는 민족이 삽니다. 북극과 가까워 매우 춥기 때문에 모피나 새의 깃털이 들어간 모자가 달린 '**파카**'를 입어요.

모자와 소매에도 가죽이 사용되어서 굉장히 따뜻해.

꽃과 동물이 그려진
무무와 알로하셔츠

하와이에서 여성은 '**무무**'라는 길이가 길고 넉넉한 드레스를 입어요. 남성은 '**알로하셔츠**'와 바지를 입습니다.

무무에는 하와이에서 피는 꽃이나 동물이 그려져 있어!

알로하~ ♪
미국은 큰 나라라서 민족의상이 많구나!

천을 덧대어 무늬를 만드는
몰라

카리브해에 떠 있는 작은 섬들에 사는 쿠나족의 여성들은 '몰라'라는 화려한 블라우스를 입고, 허리에 감는 형식의 치마를 입습니다. 머리에는 '파뉴엘라'나 '무스웨'라고 불리는 두건을 쓰지요. 금으로 된 코걸이나 목걸이를 하는 것도 특징입니다.

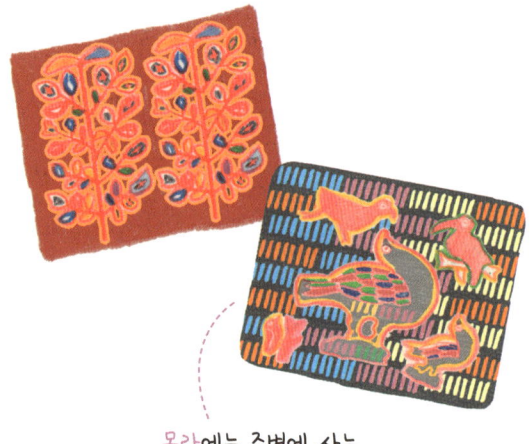

몰라에는 주변에 사는 새나 물고기, 동식물의 무늬를 그려.

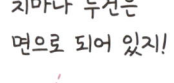

치마나 두건은 면으로 되어 있지!

성인 여성은 빨간 천에 노란색으로 무늬를 그린 두건을 써.

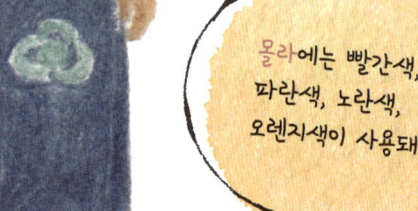

몰라에는 빨간색, 파란색, 노란색, 오렌지색이 사용돼!

파나마
남아메리카와 북아메리카의 경계에 있는 나라입니다. 국토의 대부분이 산지와 구릉지로 이루어져 있어요. 대륙 내에서 가장 큰 열대 우림이 있습니다. 태평양과 카리브해를 연결하는 운하를 이용한 무역과 바나나 재배가 활발합니다.

모양이 독특한 모자
솜브레로와 추요

케추아족의 여성들은 '차케타'라는 긴소매 상의를 입고, 주름이 가득 들어간 치마를 입습니다. 그 위에 '이크야'라는 숄을 걸치지요. '솜브레로'나 '추요'라고 불리는 독특한 모자가 특징입니다.

'헤가 있는 모자'라는 뜻의 솜브레로는 평평한 접시 모양을 하고 있어.

추요는 털실로 짠 원뿔 모양의 모자.

햇빛이 강하고 뜨거운 나라이기 때문에 옷도 빨간색이나 검은색, 파란색, 녹색 등 선명한 색이 많아.

이크야는 직사각형의 커다란 천. 앞면을 핀으로 고정해.

남성은 천 한가운데 뚫린 구멍으로 머리를 내놓는 '판초'라는 옷을 입어.

모자를 벗으면 병에 걸린다는 믿음이 있어서 밖에서는 절대로 모자를 벗지 않는 사람도 있대.

페루
남아메리카에서 세 번째로 큰 나라로 남아메리카 서부 태평양 연안에 위치해 있습니다. 태평양과 가까운 지역은 사막입니다. 아마존강이 흐르고 있고 정글이 펼쳐져 있어요. 잉카 제국의 유적인 마추픽추와 쿠스코 구시가 등이 있습니다.

선명한 색상의 숄
만타

볼리비아의 원주민 중 하나인 아이마라족은 전통적인 민족의상을 입고 있을 때가 많아요. 여성은 블라우스 위에 자수가 아름다운 '만타'라는 숄을 입습니다. 만타의 중심에 다는 물고기 브로치도 특징이에요.

'솜브레로'라는 모자는 남녀 모두 써.

라마의 털이나 식물의 섬유로 짠 만타.

'포예라'라는 치마는 커다란 주름이 특징이야. 5~6장을 겹쳐서 입어.

볼리비아

남아메리카 대륙의 남쪽에 있습니다. 나라의 3분의 1이 안데스산맥이기 때문에 '고원의 나라'라고도 불려요. 남아메리카 안에서도 원주민이 많이 사는 나라로 민족의상을 입은 사람들을 자주 볼 수 있습니다. 감자의 종주국으로 300종이 넘는 감자를 생산하고 있어요.

폭이 넓은 3색의 프릴 치마
골라

코스타리카의 민족의상은 스페인의 플라멩코 드레스와 비슷합니다. 여성은 옷자락이 넓은 치마와 블라우스를 입지요. 치마는 3색으로 단을 이루고 있는 것이 특징입니다. 치마를 돋보이게 하기 위해 블라우스는 흰색이 많아요.

어깨 주위에 프릴이 달려 있어.

몸을 움직이면 치마가 펄럭거리며 펼쳐지거나 치맛자락이 흔들려서 아름다워.

축제 때는 모두가 민족의상을 입고 춤을 춘대. 와~ 예쁘겠다.

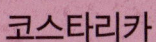

코스타리카
태평양과 카리브해 사이에 있는 가늘고 긴 모양의 나라예요. 커피와 바나나 농사가 활발하지요. 국립공원에는 나무늘보나 악어와 같은 야생동물이 보호를 받으며 살고 있습니다. 스페인의 지배를 받았던 적이 있어서 사람들의 생활 속에 유럽풍의 것들이 많이 남아 있어요.

머리에 감고 있는 것은 '신타'. 긴 천을 머리카락과 함께 꼬아서 도너츠 같은 모양으로 감아.

우이필에는 직선과 마름모, 동물과 꽃 등 다양한 모양을 조합해 무늬를 짜 넣어.

천 한가운데 구멍이 뚫린 우이필

여성은 '우이필'이라는 블라우스를 입습니다. 우이필은 천 한가운데에 구멍을 뚫어 머리에서부터 뒤집어쓰는 옷이에요. 우이필은 과테말라와 멕시코에서 볼 수 있지요. 마야 문명 시대부터 전해지는 옷으로 색과 무늬가 아름다워요.

허리에 감아서 입는 빨간 치마를 고정하는 띠는 '따하'라고 해.

손으로 옷감을 짜는 기술은 2000년 전부터 지금까지 이어져 내려왔어.

과테말라
멕시코 남쪽 아래에 있는 작은 나라입니다. 1년 내내 기온이 20도 정도여서 쾌적해요. 기원전 250년경(지금으로부터 2300년쯤 전)에 마야 문명이 발달했던 곳이에요. 지금도 마야 문명의 흔적이 남아 있습니다.

민족에 따라 모양이 다른
겔라게차 축제 의상

하얀 무명천에 갖가지 색실로 무늬를 수놓아.

축제 때는 파인애플을 들고 춤을 추는 게 특징!

오악사카에서 1년에 한 번 열리는 '겔라게차 축제' 때는 다양한 민족들이 자신의 지역을 대표하는 민족의상을 입고 춤을 춥니다. 여성들의 민족의상은 직사각형의 천을 접어서 만든 '우이필'이에요. 우이필은 민족에 따라 자수와 색이 달라 보는 재미가 있습니다.

축제나 파티 때는 하얀 레이스로 머리를 장식해.

사포텍족

치난텍족

다양한 색상의 끈으로 엮은 '브레이드'로 머리를 장식해.

우이필도, 치마도 아름다운 꽃이 가득 수놓아져 있지.

우이필 밑에는 허리를 감는 가로 줄무늬 치마를 입어.

멕시코
미국의 남쪽 아래에 있는 나라예요. 오악사카는 멕시코 내에서도 원주민들의 자손이 많이 살고 있는 곳이에요. 치난텍족, 사포텍족 등 민족의 전통문화와 의상이 이어져 내려오고 있어요.

더운 지역에서 사는 마카족의 민족의상

도시에 사는 사람들은 옷을 입고 생활하지만 1년 내내 무더운 정글에 사는 사람들은 거의 알몸에 가까운 옷차림으로 생활하기도 합니다. 몸에 걸치는 것은 허리에 두르는 천과 액세서리가 전부이지요.

얼굴에는 독특한 무늬의 화장을 해. 숲속 깊은 곳에 살기 때문에 옷을 입는 관습이 전해지지 않았지.

여성들은 갖가지 색실로 짠 목걸이를 해.

남성도 여성도, 상반신은 알몸. 아래는 천을 둘러.

화장이며 목걸이가 화려하네!

파라과이
남아메리카 한가운데에 있는 나라입니다. 동쪽에는 삼림, 서쪽에는 대초원이 펼쳐져 있어요. 풀과 물을 따라 이동하면서 소와 양을 키우는 유목민들이 많이 살고 있습니다. 마테차가 유명하고 콩 농사가 활발해요.

흑백의 조화가 아름다운
오타발로족의 민족의상

북부에 사는 오타발로족의 여성들은 하얀 블라우스를 입고 길이가 긴 검은색 치마를 입습니다. 허리에는 손으로 짠 벨트를 두르지요. 여성은 어른이나 아이나, 금색 비즈를 연결한 목걸이를 여러 겹으로 착용합니다.

추울 때는 천을 어깨에 걸치거나 몸에 두르기도 해.

허리에 감아서 입는 검은색 치마와 레이스나 프릴, 자수가 되어 있는 흰색 블라우스가 기본.

에콰도르 여성들은 옛날부터 수예를 잘했구나.

에콰도르
남아메리카 대륙 북서부에 있는 나라입니다. 적도 바로 밑에 위치해 있어요. 지진이 많이 일어나고, 석유, 새우, 커피 등을 많이 생산합니다. 풍부한 자연환경과 멸종 위기 동물, 진귀한 식물을 볼 수 있는 갈라파고스 제도가 유명해요.

민족의상은 무엇으로 만들어져 있을까?

민족의상은 식물의 섬유로 실이나 천을 만들기도 하고, 동물의 털과 가죽으로 옷이나 신발을 만들기도 해요. 조개껍질이나 돌로 액세서리나 장식을 만들기도 하지요. 어떤 것이 사용되는지 살펴볼까요?

식물

식물의 섬유를 뽑아서 길고 가늘게 만들면 실이 돼요. 그걸 짠 것이 천이고요. 면은 목화솜을 원료로 실을 짜 만든 것입니다. 삼의 잎이나 줄기, 파인애플 잎 등에서도 섬유를 얻을 수 있어요. 비단은 누에가 토해 낸 실로 짠 천이에요.

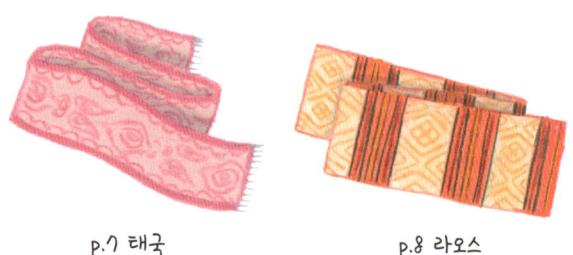

p.7 태국   p.8 라오스

동물

소나 말, 사슴 등 동물의 가죽을 특별한 액체에 담그거나 약품을 발라서 튼튼하고 부드럽게 만들어요. 그걸 자르고 꿰매어 옷, 가방, 벨트, 신발, 모자 등을 만들지요. 캥거루나 타조, 악어 등 진귀한 동물의 가죽도 사용된답니다.

p.20 핀란드   p.46 미국

비즈

천이나 가죽 등에 꿰매어 장식하거나 끈에 꿰어서 목걸이로 만들어요. 옛날에는 조개껍질이나 동물의 뼈, 돌 등 자연에서 얻은 것으로 만들었지만 지금은 유리나 플라스틱으로도 만들어요. 세계에서 가장 오래된 비즈는 남아프리카 공화국에서 발견된 것으로 7만 5천 년 전에 조개껍질로 만든 것이에요.

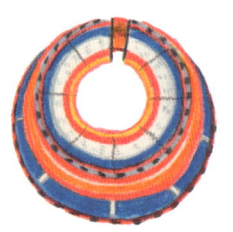 

p.41 케냐   p.42 남아프리카 공화국

금은

목걸이나 팔찌 등 액세서리에 많이 사용돼요. 실로 만들어 자수를 할 때도 있어요. 금이나 은은 무른 금속이기 때문에 두들겨서 얇게 만들 수 있고, 무늬를 새기기도 쉽답니다. 여러 민족이 '풍요와 권력의 상징'으로 생각해 귀하게 여기고 있어요.

p.37 튀니지   p.40 가나

글 마츠모토 리에코

오사카대학교 문학부에서 공부했습니다. 중학교와 고등학교에서 아이들을 가르쳤어요.
다양한 주제에 대해 글을 쓰고 있습니다. 최근에는 전문학교에서 논문 지도도 하고 있어요.

그림 다케나가 에리

여행이 취미예요. 최근에는 일본뿐 아니라 해외에서도 개인전과 워크숍을 개최했어요.
많은 사람에게 친근한 그림을 그리는 일러스트레이터입니다.

옮김 김소연

일본 문학 전문 출판기획자 및 번역가로 활동하고 있어요.
옮긴 책으로 <엄마가 미운 밤>, <그 소문 들었어?>, <졸려 졸려 크리스마스> 등이 있습니다.

민족의상의 조합을 맞혀 보세요

각각의 민족의상에 맞는 걸 골라 봐!

추울 때 걸치는 상의는 어느 것일까요?

몽골

정답은 4페이지에

여성이 쓰는 모자는 어느 것일까요?

독일

정답은 26페이지에